我們住定在一起 胖才可愛 ♡

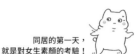 

# 目錄

**目錄**

# 角色介紹

## 肉肉

被慾望支配的化身，常常暴飲暴食。
明顯是一隻胖貓，但還是會有很多人問
是什麼生物。

個性：好吃懶做
星座：處女座

## 呱呱

一隻特別擅長寵女朋友的青蛙。
沒有什麼慾望，就喜歡喝飲料跟看電影。

個性：悶騷、老實
星座：天蠍座

## 乙喵

厭世少女，是肉肉最要好的女性友人。
交到的男朋友都很內個（哪個）。

是每個女生都會有的一個聊秘密好夥伴。

♥ 開始篇 ♥

# 第一場戰役

同居的第一天，
就是對女生素顏的考驗！

我們住定在一起

我們住定在一起

我們住定在一起

剛開始一起住
# 好ㄍㄧㄣ呀！

| | |
|---|---|
| 隨時漂漂亮亮  | 規律健身  |
| 舉止得體  | 很罩  |
| 可愛小寶貝  | 又 MAN 又酷  |
| 貼心鬼  | 不會打呼  |

剛開始，因為怕真實的自己會讓對方幻滅、失望，
兩個人都很努力維持形象，
想把自己最好的一面呈現給對方。

加上感情進入新的階段時，總是讓人元氣滿滿，
荒唐懶散的自己都不自覺收斂了起來。

能和這ㄇ棒的人在一起，好幸運！♡

胖才可愛
小劇場

## 原來不是我想的那樣

回到家後，平常在外的克制與武裝，
會漸漸瓦解⋯⋯原形畢露！

像是⋯⋯

打呼超大聲

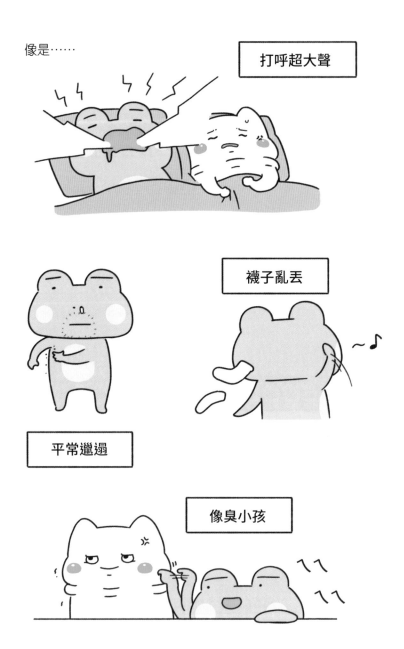

襪子亂丟

平常邋遢

像臭小孩

嗚嗚～～
當初那個王子
跑哪兒去了

而且！！！
不打呼是可以裝的嗎！！！

冷靜……

一開始都不會，我還竊喜
想不到後來越來越大聲

到底

可是只要有吵架
那天睡覺就會很安靜
（世紀之謎）

可能是妳讓我太安心了嘛
（無辜）

胖才可愛

但也因此發現，
原來當初約會時的乾淨帥氣，
是特地為了人家打扮的。

我們住定在一起

在家根本……

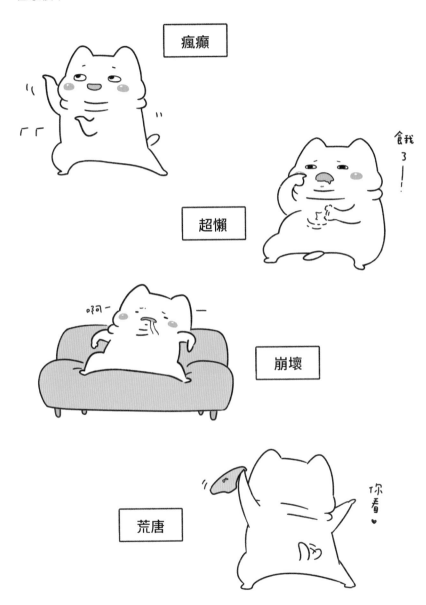

瘋癲

超懶

崩壞

荒唐

(回憶畫面)

在一起？
你確定？我真的很懶
真的真的很懶喔！

原來是說真的
　　一點都沒騙我⋯⋯

要是別人早就嚇跑了

(惱羞)

我們住定在一起

「逐漸鬆懈的兩人。」

胖才可愛
小劇場

# 遲早要面對的事

生理現象不可恥

好想放屁…

住一起後，除了發現對方真面目，也有很多害羞的生理
現象，終究是無法避免的ヽ( ´ 3`)ﾉﾟ。

崩壞的睡相

睡醒的口氣

眼屎

鼻涕

生理分泌物

放屁

挖鼻孔、剔牙

不完美的皮膚

便便

我們住定在一起

雖然隨著時間，漸漸的敢向對方展示真實的自己，
但有時突然照到鏡子，還是會覺得：
哇～這麼鬆懈沒問題嗎？

不過仔細想想，看過我這些樣子，
他還說愛我、對我這麼好，
就忍不住覺得，

自己好幸福。

嘿嘿、這個樣子
就只有你看得到で！

胖才可愛
小劇場

## 同居前 VS. 同居後

那些差異

電話訊息不中斷

整天在一起不需要說什麼話

約會的時候才親親抱抱

隨時亂摸

有時間空間準備小驚喜

♥同居後♥

一舉一動難逃法眼

去各種地方約會

基本上就是在家了

我們住定在一起♥

胖才可愛
小劇場

## 好的壞的那些

同居後多了些麻煩
但也多了些甜蜜

# 一直跑腿

我要出門囉！
有什麼要交代嗎？

順便幫我買個東西～

我要雞腿、布丁、可樂、薯條，零食也快沒有了……
啊，還有包裹要領，衛生紙也要補，還有什麼呢……我想想喔

…

好多

過了好幾小時……

# 吵架沒地方去

我們住定在一起

# 一起住的美好

有人可以對付可怕的怪物

生病時有人照顧
不會孤伶伶的死掉

我們住定在一起

需要擁抱就有抱抱
　冷的時候互相取暖

發生可怕的事
　有人陪伴，哄你安心

互相幫忙吹頭髮

一起洗澡澡
幸運的時候還可以洗廢物澡

我們住定在一起

# 一起住的麻煩

可能會一直被派遣出任務

沒錢住大房子的話
公共空間不夠用

吵架沒地方去
　奪門而出又會讓情勢更嚴峻

習慣每天相擁入眠
　突然一個人會孤單的睡不著覺

我們住定在一起

有時想做的事會打架
　　一個想聽音樂一個想看影片

每天都沐浴在對方的好之中
　　一不小心就漸漸忘了要珍惜

# 是什麼讓我決定你是那個人

---

## Q：當時是誰先提出同居的？為什麼想同居？

**呱呱：**欸，是我先提出的。因為當時我們都各自在台北租房子，肉肉住小套房，我和朋友分租一層公寓，覺得如果肉肉搬過來，生活空間會比較大，而且兩個人的經濟負擔也會減輕，是很實際層面的考量。

**肉肉：**我當時雖然馬上就答應了，可是答應後拖了很久，拖到呱呱生氣 XD。除了自己的租約還很久、東西很多很懶得整理之外，主要是我的個性很怕生、面對和人有關的事情時會想很多，想到同居以後要和呱呱的朋友相處，如果朋友不喜歡我怎麼辦？不小心就一直拖下去了。

## Q：同居到現在，兩人的關係有改變嗎？覺得對方和當初想像的樣子一樣嗎？

**呱呱**：我們同居快五年了，不過關係的改變很快，從一開始很客氣很拘謹、到老夫老妻的樣子，大概同居的第一個月就完成了，然後一直到現在。

**肉肉**：哪有～呱呱一開始超ㄍㄧㄥ的（吐槽），除了一直耍酷，我們剛同居時，洗澡前他還一定會堅持要做運動，持續好一陣子，現在就……。

**呱呱**：是那陣子剛好有運動習慣吼（冒汗）。

**肉肉**：不過我覺得我們原本想像的對方跟後來都不太一樣吧，同居前我跟呱呱說「我真的很懶ㄟ」，他當時說「我會做所有的家事」，我就當真了，後來他還生氣！

**呱呱**：不是～真的誇張，我在打掃吸地拖地，就看到肉肉懶懶的躺在床上完全沒有要幫忙，想說怎麼有人這麼好意思。

**肉肉**：我還是有意思問一下要不要幫忙，是你說不用的耶（再次當真），因為我的個性就是做不到的不要說，可是呱呱是那種喜歡說一下場面話的人。

**呱呱**：所以我現在都不說場面話了，會吃虧……。

## Q：覺得對方有什麼個性特質讓你願意同居？

**肉肉：**呱呱很不計較，什麼事都會讓我。

**呱呱：**嗯⋯⋯好笑吧！肉肉很好笑，常常做出讓我爆笑的事，然後做事都不計後果，跟我是完全相反的人。

**肉肉：**呱呱很保守很嚴肅（告狀）。

**呱呱：**對啦～我是很按部就班的人，覺得做每件事之前都要有完整的計畫才敢做，但認識肉肉之後，發現她如果想做就會直接去做，不會想太多，可是後來看到她即使這樣沒計畫，也常常還會有很讓人出乎意料的好結果，所以也漸漸覺得像她這樣也很好。

## Q：同居就是兩人相處時間很長的狀態，會害怕自己不好的那一面讓對方知道嗎？

**呱呱：**其實我們都是沒什麼秘密的人，也剛好都不需要什麼自己的空間，覺得兩個人這樣很靠近的相處很好。

**肉肉：**我以前是心思比較敏感的人，會胡思亂想很多事情，有時候情緒也比較不穩定，常常想負面的事情、有一些灰暗的想法，偶爾會崩潰一直哭，但呱呱不管我低潮多久、哭多久，他都會陪在我身邊，就一直抱著我，說一些話安慰我，直到我哭完。他曾經對我說過「只要妳好好活著，我會一直都在」，這句話其實讓我很感動很感動，所以一直記著。

# PART
# 2

 隱私篇

# 查看的慾望

內個……放在桌上的
手機，我偷看一下。

我們住定在一起

## 到底可不可以看對方手機呢？

感情中令人好奇的秘密大部分都在手機或電腦裡，同居後，它天天都在眼前，這時總會有惡魔和天使在腦裡糾結，到底該深入調查，還是讓對方保有自己的隱私呢？

有些人很堅持，窺探隱私是不對的，無論如何都不給人家看，也有些人覺得沒做虧心事那就不必害怕。
如果雙方沒取得共識，很容易會因為這類的事吵架。

就是心虛才會不想給對方看手機呀！

還好，肉肉呱呱都是很不喜歡對方有隱瞞的類型。

越不給看越想看

沒在怕的

也不是真的很想看啦～
是很在意「給不給看」，
會想說，有什麼東西是我不能看的？

問心無愧沒什麼好藏，要看就看。
對方很可疑的時候，我也會想看。

雖然被看會覺得有點煩、有被監視的感覺，
但一想到，能讓心愛的人開心放心，這點小不舒服也就值得了。

真拿妳沒辦法

既然決定在一起了，就要信任對方，所以我都不會去看男友手機，我是這麼想的⋯⋯

友人Z喵

可是有一次不小心發現，對方偷偷在玩交友軟體⋯⋯

賈尬

儘管如此，我還是不會要要看對方手機

妳知道為什麼嗎

因為

我怕他也要看我的

那可就慘了

呀～～～真是帥呆了

真羨慕啊……

你也可以
趕快把手機清乾淨

臣妾辦不到……

給不給看手機這件事有好有壞，
不過還是找到自己能接受的相處模式，最重要！
在感情中，想保有自己的隱私，這件事完全沒錯。
但如果要長久走下去、日夜相處，不妨想想，
卸下心防後，那種完全坦然、不用藏東藏西的感覺，
真的很自在，很舒服呢。

胖才可愛
小劇場

都給你看

你ㄉ密碼我都記起來了。

# 敏感的訊息

## ❤ 呱呱的手機 ❤

給妳檢查

哎呦
不用啦

既然你這麼堅持

那我就不客氣囉～

好無聊
完全沒有勁爆的事情了

我們住定在一起

# ♥ 帳號密碼 ♥

呱呱肉肉不只是情侶，同時也是工作上的夥伴

呱呱～登我帳號
幫我用一下檔案

妳的密碼多少

對於帳密這種事情

都告訴你幾次了～
可不可以記一下呀

好啦

對方記不得反而很困擾

# ♥ 控制狂ㄉ賢慧 ♥

（煩惱的一直打鍵盤）

吼

到底

怎麼了？

我又忘記密碼了

我就知道你這腦袋
所有的帳密我都幫你記在筆記本了

救星
好賢慧

「絕對ㄅ是因為我要偷登。」

## ❤ 最害怕的訊息 ❤

誰呀

幫我看一下

人家在催稿了啦

♥ 麵包篇 ♥

# 我是家裡的
# 財政大臣

同居感情加倍，花費也加倍，
一不小心，還沒月底就ㄎㄧ土了！

我們住定在一起

我們住定在一起

我們住定在一起

隨著戶頭的錢越來越少，肉肉發覺不對勁……

天啊，要沒錢了，等等還要繳卡費……

呱呱你看……

你怎麼還在喝飲料！我們都要沒錢吃飯了你知道嗎！

我、我不知道

不是跟你說要省一點嗎怎麼還亂買呢？！

錢都是妳在管的，我以為妳那裡還有嘛……

之後幾天

可不可以喝……

NO

牛肉麵　牛肉湯麵

這個

妳看衣服……

太貴了

要不要去看電影？

無法喔

沒錢了要省吃儉用一點

是……

肉肉妳看！

嘿嘿

？

是妳最愛的燒烤喔！

快來吃吧

你怎麼買這個就跟你說不要亂花錢了！

很貴耶！

看妳最近這麼煩惱我想說妳喜歡吃這個……

...

帳單要繳不出來了，壓力很大，都只有我一個人在擔心錢的事情，你都不管還在那邊裝無辜……

我們住定在一起

我只是想讓妳開心……

哇啊啊啊啊
我不要管錢了啦

管東管西
跟老太婆一樣

對不起……

哇啊啊啊啊

人家是少女耶

我以後會注意的
再給我一次機會好嗎？

這陣子辛苦妳了

你說的喔……

我保證

……嗯
……那可以開始吃了嗎？

好

同居後，金錢分配也是很重要的課題。

剛開始兩人甜甜蜜蜜，都不太好意思認真談錢，
總覺得談錢傷感情，並沒有好好討論規劃。

起初兩人收入都不高，呱呱也不太在意這種事，
每次都是先把自己的錢花光了，才跟肉肉拿錢（佛心來著）。

我們住定在一起

當了多年的月光族……
整理了一下錢不分你我一起共用的優缺點：

## 優點

♥延長熱戀泡泡，不用那麼早面對現實。♥

♥省了記帳、平分的麻煩。♥

♥讓別人羨慕一下的表象。♥

哇！好好
男友都不會跟她計較　好大方！

### 缺點

很容易莫名其妙就沒錢了。 ♥

對方送禮時會覺得是用自己的錢買的，有時還會覺得不必要、有點浪費錢，反而少了很多感謝的心情跟情趣。 ♥

錢共用，換句話說就是沒有「自己的錢」了，當經濟拮据的時候，想買個小東西犒賞自己（飲料、保養品），都會壓力山大。 ♥

鬆懈、看不清現實：沒有認真記帳的話，會對用錢這塊一直很模糊，有一種錢都還夠用的錯覺，很容易鬆懈、忘了自己應該為生活更努力。 ♥

原來成家要花那麼多錢嗎

遠遠不夠啊

我們住定在一起

想好好過生活並不容易，大部分人的薪水都只夠生存，以前聽到愛情跟麵包要怎麼選擇的問題時，都會覺得當然是選愛情呀，沒有愛情的麵包還會好吃嗎？

現在卻漸漸明白，感情要談得好、要走得長久，現實面也要一起兼顧。

如果兩個人有想過以後，那在「天天為錢煩惱」的現實條件上，不但無法建立理想的生活，甚至很難過得快樂。

沒有愛情的麵包不好吃，但沒有麵包的愛情也是不會幸福的。

天真過後，呱呱肉肉目前採取的策略是，扣除基本開銷後，有多的錢撥一小部分當各自的零用錢，其餘存起來，為了兩人以後的夢想生活努力。

共同體

要來好好分錢了喔！

嗯！

把收入扣掉基本開銷後
兩人可以分到的零用錢是……

是……？

0圓

想對你說的話

# 如果你失業了

Q：同居除了是愛情共同體也是經濟共同體，你們的金錢觀
　　一樣嗎？

**肉肉：**我們的金錢觀不太一樣哈，我是想買什麼就買什麼的人，但呱呱除了看電影和喝手搖飲料之外，幾乎沒有什麼慾望，不太花錢。

**呱呱：**比方說要買個吹風機，我可能會想要買個幾百塊的就好，但肉肉就會想買 X 森。

**肉肉：**以前生活過得太窮了，所以後來買東西就會想要買好一點 XD，像我們搬家的時候，我會想要買比較有質感的家具，畢竟我們在家工作，家裡的生活品質很重要，就會花比較多錢。不過我要買什麼他都會知道，他也不會有意見，所以我們沒有為了金錢觀吵過架。

## Q：如果其中一方失業了，沒辦法支付同居的費用怎麼辦？

**肉肉**：其實我們都有輪流失業過……

**呱呱**：也有同時失業過……

**肉肉**：那個時候真的好窮喔！但也沒有別的辦法，就是必須很省很省很省，我們跑去買了很便宜的米，吃飯就是煮白飯配醬油炒蛋這樣。後來真的無力負擔時，我曾經跟銀行借過錢，呱呱也曾經和家人借錢。

（貼心小叮嚀：謹慎理財，信用至上）

**呱呱**：和家人借錢的時候，雖然他們沒有說什麼，但我心裡也滿不好受的，會覺得我也長大了都出社會工作這麼多年，還必須請家人援助。

**肉肉**：後來我們有開始計畫性的管理金錢，有做一個收支表單，也會用記帳 APP 來記錄我們有多少錢、花在哪，因為我們的工作是接案為主，不是每個月都有固定薪水，所以會先把收入分配到未來每個月的開銷裡，雖然現在還沒辦法存很多錢，但至少不會再沒錢吃飯了（淚）。

我們住定在一起

♥ 爭執篇 ♥

# 吵架是日常，
# 不吵架不正常?!

天天在一起，
摩擦超級多。

我們住定在一起

氣死了……

嗯？

……是雞腿

超好吃

算了　回家吧

我們住定在一起

交往難免會吵架，同居後的摩擦更是少不了，
每次吵架都要傷一次元氣。

不同個性，處理吵架的方式也都不一樣。

↑
一吵就開始亂想，兩人是
不是不適合、會不會分手？
（小劇場大爆發）

↑
（只是在生氣）

我們住定在一起

◆肉肉心內話◆

越冷戰只會越生氣，氣你不在乎、氣你不哄我，
很多時候只要一個擁抱，我的脾氣就會柔軟很多。

氣死了，
還不過來抱我

居然忍心

放我一個人難過

嗚嗚嗚嗚嗚嗚嗚嗚

一定是不愛我了

討厭！我要把愛減少！不要那麼愛你ㄌ！

要不要和好？

才不要

那妳先
讓我抱一下

等妳想和好再和好

我們住定在一起

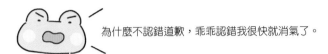

為什麼不認錯道歉，乖乖認錯我很快就消氣了。

如果道歉後還是很生氣，先不要理我，過一下就好了。

需要時間消化

吵架時總是容易脫口而出難聽的氣話，
也許因為這樣能暫時解氣、占上風，
卻可能在對方心中劃上一道傷口。
就算事後和好，也可能有陰影，拒絕再溝通。

**請選擇**

| A　大笨蛋 | B　ㄋㄠㄇ… |
|---|---|
| C　臭〇〇 | ▶ D　忍住 |

曾經被說的難聽詞彙，事後回想還是會一直隱隱作痛。

原來是這樣想我的嗎……

吵完了、氣消了就過了，
每個人都會有犯錯的時候。
不要得理不饒人、常常翻舊帳，
反而會讓對方更不耐煩。

如果是為了無聊小事爭執，
願意撒個嬌、願意主動抱抱，
都比做無謂的爭吵好。

但若是另一半很在乎、很影響心情或生活的事，
就不能只想用一個擁抱或幾句話試圖帶過，
一定要正視問題，好好溝通、反省認錯，
裝傻是沒辦法解決的喔！

吵架好累……

我們住定在一起

和好啦罷拖～
沒有人喜歡吵架啦！

## 太凶了

不⋯⋯不要
這樣凶人家⋯⋯

「沒有人喜歡吵架，吵贏也不會有獎勵，看到眼淚請暫停。」

我們住定在一起

## ❤ 破解大法 ❤

### ― 對付肉肉 ―

一直搞笑，肉肉很容易就憋不住笑出來了

### ― 對付呱呱 ―

說要幫他吃○○

# 生氣的你

吵架中

哼，都不過來
跟我一起洗

平常都會一起洗的

92

我們住定在一起

還是有幫我準備
今天穿的衣服……

~!!

就算生氣
還是會照顧我……

喜歡

好喜歡

# 最後悔吵過的架

---

## Q：絕對不可以觸碰的地雷是什麼？

---

**肉肉：**呱呱很注重個人隱私。雖然他在我面前很做自己，但他在別人面前都是一個很酷很ㄍㄧㄥ的形象，有時候我跟別人聊天聊太嗨不小心把他私底下的事情說出來，他就會超氣～！但我覺得那個可以說和不可以說的界線真的很難衡量，我至今搞不懂。

**呱呱：**肉肉有時候真的講得太細節了，比方說床上的事，到底幹嘛跟別人講這麼多啦！

**肉肉：**我想說都畫給大家看過了嘛⋯⋯

**呱呱：**肉肉的地雷應該就是「餓」了吧，有時候跟她講話講講想說她怎麼脾氣這麼差，一看時間發現，啊，原來是忘記準備食物給她吃了。

**肉肉：**我覺得呱呱是故意的，有時候我們有點吵架，他就會故意吃飯時間到了還不準備東西給我吃（他平常是負責管理食物的），明明就是想逼我跟他說話！超壞的！

**呱呱：**有嗎？我不記得了（傻笑）。

## Q：最後悔吵過的架？

**呱呱**：我記得我們吵過很多次架，但現在也想不太起來當初在吵什麼，好像都是些小事情……每當吵架時都會很生氣，想說肉肉怎麼不會站在我的立場想一想，但冷靜想想會發現是我太過在乎自己，我也沒有體諒對方。

**肉肉**：感覺每次吵架，我們的關係都會往前一步，變得更緊密，可能也因為我們都不是會亂說氣話、破口大罵的人，好像沒有吵過真的很受傷的架。

**呱呱**：爭吵是彼此的理念有衝突想要對方能理解，絕對不是想要傷害對方，看到自己喜歡的人那麼難過，就算吵贏了也沒有意義，想到這樣就不會那麼生氣了。

♥ %%篇 ♥

# 床上ㄉ生活

不性福，
還能幸福嗎？

我們住定在一起

我們住定在一起

隨著期待一直落空

小寶貝晚安　　　　　　　晚安

開始有點不高興了

怎麼了？心情不好嗎？

沒有呀

生氣又要裝沒事

怪怪的
先不要找她 %%% 好了

說不出口

又度過了一個平凡的夜晚……

我們住定在一起

最近肉肉心情好像
很差⋯⋯都不理我

是我做了什麼事嗎？
（是沒做）

她是不是
　不喜歡我了？

好久沒有了說⋯⋯

胖才可愛

說到同居，第一個想到的當然是做色色的事情（還是只有我）。
不要笑～！
這可是門極度考驗感情的課題呢。

一開始有新鮮感撐著，臉紅心跳，
不管雙方技術如何，多半可以很歡愉。

But 當朝夕相處、激情退去後，熟悉感取代了刺激，
很多現實又難以啓齒的 Problem 就會慢慢浮現出來。
也許是癖好不合，又或者一直有點勉強。

善良的我們，
可能會因為害羞、矜持、怕傷害到對方。

不舒服裝舒服、有問題不敢講，沒說出真實的需求，
讓對方一直誤以為自己很厲害。

惡性循環下來，
苦了自己往後的日子。

一旦對性生活產生疙瘩，問題只會越來越大，
長久累積，傷心傷身又傷感情。

不溝通、只想靠心電感應，
希望對方能理解自己的需求，是不可能的唷！

(但要有技巧的說好難～～～～)

我們住定在一起♡♡

持續精進自己的技巧

勇於嘗試不同的可能（？）

讓我們繼續修煉

胖才可愛

胖才可愛
小劇場

# 床上ㄉ內心戲

主人，有什麼吩咐嗎？

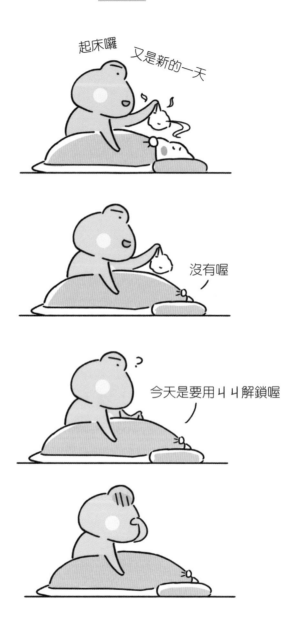

我們住定在一起

## ❤ 男人的耐性 ❤

聽說男生的耐性
和前戲的時間成正比ㄛ！

我最有耐性！

好了

可以了

超過一小時了

「謝謝你ㄉ努力」

# ❤ 好的 %% ❤

平常一臉呆樣
現在怎麼那麼帥！

主人，有什麼吩咐嗎？

被馴服

# ♥ 壞的 %% ♥

我們住定在一起

# ♥ 慌亂的內心 ♥

**每當太快**

沒問題的

一定是我太誘人

**每當太久**

他是不是沒有舒服
膩了？

我老了

我沒有魅力了

他要去找年輕妹妹ㄌ！！！

**小劇場大爆發**

PART

# 6

❤ 更好篇 ❤

# 越來越好的我們

如果連自己都開心不起來，
對方也會因此感到失望。

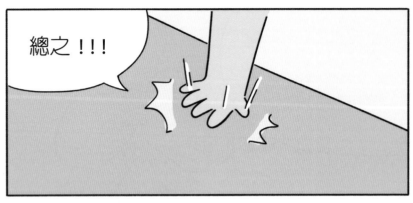

我們住定在一起

每到假日

一直打電動

反覆滑社群軟體

熬夜追劇

嗯……
真的有要充實自我嗎？

感覺不像啊

我們住定在一起

你

不是說要充實自己嗎？

假日嘛♪

平常也是！！！
下班回家就躺在床上
根本沒有好好利用時間啊

這樣下去怎麼行？當初不是自己
下定決心要好好努力規劃未來
嗎？只是說說一點行動都沒有的
話什麼都不會有改變的⋯⋯

我們住定在一起

哼！我不管你了！

不管就不管

難得的假日……

真掃興

可是她說的好像也沒錯……

我們住定在一起

我們住定在一起

我們常會這樣，
在熱戀期間（或分手後）充滿改變的動力，
感情穩定時卻把耍廢當日常。

覺得自己再懶散的樣子都會被包容，
對未來抱著美好的幻想，
幸福又安逸的一日度一日。

總是說大話、聊夢想，
把希望寄託在未來的自己身上，
卻忘了當下的一舉一動都正被看在眼裡。

如果一個人只把夢想當成甜言蜜語來說，
口中的字句與行為無法重疊，
不但會失去魅力，
還會讓人開始懷疑：「以後真的要跟這樣的人過生活嗎？」
是否未來只會跟現在一樣，除了年齡一切不會再有成長……
這種停滯令人害怕。

兩個人在一起不該只有陪伴，
也需要互相督促。
如果彼此都沒有想變得更好，
只願意談一場輕鬆、不用對誰負責的戀愛，
總有一天會讓人覺得這段感情不可靠、沒有未來。

一直都覺得，
愛情的最高實踐不是結婚成家，
而是彼此願意一起成長、找尋共識、
互相扶持、努力達成目標的這個過程。

最後

# 未完待續

同居就像是探險一樣，
跟自己喜歡的人一起踏上旅程。

一路上經歷風風雨雨，
看盡各式各樣的風景。

旅途中多少會有些苦痛、
受傷、疲憊、爭執。

許多的不愉快，
讓人幾乎要忘記彼此的好。

但就像不佳的天氣一樣，
暴雨後總會天晴。

不管能不能一起走到最後，
好好享受當下，
珍惜這美好的緣分。

好好的對待那個
不管曾經遭遇過什麼事，
到現在都還一直牽著你的手的另一半。

To be continued...

優生活 88

# 我們住定在一起

作　　者──胖才可愛
主　　編──楊淑媚
責任編輯──朱晏瑭
美術設計──張巖
校　　對──胖才可愛、朱晏瑭、楊淑媚
行銷企劃──歐陽瑜卿
經紀公司──艾朵國際股份有限公司

第五編輯部總監──梁芳春
董事長──趙政岷
出版者──時報文化出版企業股份有限公司
108019 臺北市和平西路 3 段 240 號
發行專線── (02)23066842
讀者服務專線── 0800-231705、(02)2304-7103
讀者服務傳真── (02)2304-6858
郵撥── 19344724 時報文化出版公司
信箱── 10899 臺北華江橋郵局第 99 信箱
時報悅讀網── www.readingtimes.com.tw
電子郵件信箱　yoho@readingtimes.com.tw
法律顧問　理律法律事務所　陳長文律師、李念祖律師
印刷　金漾印刷有限公司
初版一刷　2020 年 2 月 7 日
初版七刷　2023 年 1 月 3 日
定價　新臺幣 320 元
（缺頁或破損的書，請寄回更換）

時報文化出版公司成立於 1975 年，並於 1999 年股票上櫃公開發行，於 2008 年
脫離中時集團非屬旺中，以「尊重智慧與創意的文化事業」為信念。

我們住定在一起 / 胖才可愛作. -- 初版. -- 臺北市：時報文化，
2020.02　面；　公分
ISBN 978-957-13-8077-3( 平裝 )
1. 戀愛 2. 兩性關係 3. 通俗作品

544.37　　　　　　　　　　　　　　　　　109000128